GEORG LEẞ

DIE NACHT DER HUNGERPUTTEN

KOOK

Geleitwort

gegen das Innige

fällt eine Handvoll Putten auf die Erde
ringt, vergeht
und niemand liest davon, ringt und vergeht

fällt aber eine auf die sonderbarste Weise
auf die Stirn, aus dem Geschwader wie

tief in ein Honigglas ins Ich und findet
nicht mehr raus, findet sich ein Chronist

klebriger Zirkulationen

Ankommen

1. KAPITEL

mitten in Betten ohne Wärme, dass die Daunen stieben
speckige Meteoriten, vom Höchsten abgesprengt
das ganze Geschwader durchs Möbelhausdach!
Daunenwolken ringsumher, flaumig umwölkte Knochensplitter

der splitterigste ich, ein zerebral gespitztes Einzelstück
kurz seh ich das Problem, das Köpfchen des Problems
denn bin ich nicht auf einen Schlag verschieden? höchstens
verschieden angeschlagen

dann ähnlich wildbewegt, kosmischer Hühnerstall
vom Himmel hoch, doch ohne Übersicht, da übersieht schon eine
einen Glastisch und enthauptet sich
halb tapst, halb kugelt sie bis zu den Einbauküchen

gründlich die Einigkeit abschütteln, den Hunger nie
von da an sind wir dreistellig, von da an sind sie

wie ich im Bett, schreckt jetzt auch in den Einbauküchen auf
zieht den Bauch ein, rückt den Kopf raus
natürliche Nahrung der Putte heißt Putte
Jagdgruppen trippeln durchs Möbelhaus

einrichten, anrichten, wir werden knapp, so
unglücklich schmackhaft, jedwede frische Bekanntschaft
wie Fäule und Streusalz
wir müssen uns davon verwandeln lassen, gebt brav nach
darüber einen Spritzer Indifferenz und Rosenwasser

selbst wenn die Menschen nicht schmecken wie wir: wir müssen
weniger Puttenfleisch essen, kein Kunde, kein
König hält stand dieser Fachkenntnis, keine Kulisse

mehrköpfig, -bäuchig, federförmig, unsre Muskeln schwinden
unter Narben, die stattdessen aufrecht halten, nostalgisch wie wir
nie waren, ein Flüchtigkeitsfehler wiegt schwer
wir sind in Frieden aufgeschlagen, wohin mit all den Opferritualen?

Naturbeobachtung von sehr weit weg

die Lider müssen, wenn die Flügel flattern, flattern
hier weht, mein Mensch, der Gegenwind
den ich dir aus der höchsten Höhe als Gruß der größten Küche überbringe

die Lider schlagen, wenn die Flügel schlagen, zu
weil sie seit jeher eins, wie wir's erst werden, sind
und keine Rätsel, sondern Augenflecke
locken? verjagen? es kullert blitzblankes Misstrauen darin
als Zerrbild deines Brutpflegeinstinkts

der Kreisflug ließ das erste Auge in einem fahlen Frühling reifen
gleißt über dir, mein Mensch, und wir, vielleicht einen Tick zu auffällig
in goldenem Flecktarn

mit neustem Selbstbewusstsein setzt
mein umfangreiches Kopfzerbrechen ein, schlug mir nicht immerhin ein ganzer
unerschlossener Planet dagegen?

Zerbrechen als Pforte zur Introspektion: ich erahne Gebeine
versunken in Hyperrealmarzipan, Panzerung wie Proviant
samtig, scharf allerdings, was herausragt

und der Gehalt? von Atmosphäre freigeschält ein Weh
etwas unübersehbar Gähnendes

indes wird's eng hier drinnen
sodass wir aufeinander los-, nicht immer auseinander-
teils ineinander übergingen und Bisse flächendeckend
hier zwar ein Durchbruch, dort zwar ein Riss
und alle Fenster weit, ich ließe sie ja fliegen
jedoch sie fliegen nicht

gegen das Nächste

niemand wohnt hier lang, bringt den Geist ins Flattern, die Handlung voran
wir lauern bei der Deko, die Betten längst zerlegt
in Splittern schleppe ich ein halbes, hab mich gedreht wie die weichste
Kleinkreissäge gegen fremde Nächte

knurren statt atmen, darüber knallen Wetterfahnen, Fehlalarm
wir fielen denkbar heimlich und so bleibt es, beluchsen Angebote, reduzieren
den Durchschnittskunden, ausgewachsen und stabil
und niemals schmackhaft, derart rasch wird sich auf Erden angepasst:
aus Kundenknochen, knapp und knapper, unser Nest, das
wie der Hunger wächst, wie das verräterische Fett, brandet blass hoch
wo wir nun sitzen wie die Wetterfahnen fest, fester umarmt
rutscht eine ab, rutschen wenigstens acht, die Augen aufwärts
die Augen stumpf, solang uns der Instinkt noch stumpf sein lässt
schärfen im Höhenwind den Blick, von jenen abgesehen
die goldgelockte Flecken auf dem Pflaster sind

fest und stumpf stiert eine Durchschnittsstadt zurück

streifte mich, suchte das Weite, fand ein weites Hemd und eine vage Form darin
starrer Nacken, starrer Sinn, der Weltenraum
hat solchen Rahmen nie gesetzt, jetzt ächzt er reuig, während ich ihn weite
mit Geduld und Fett, mit Geduld und Fett

unser tägliches Marzipanbrot sowie, der gute Vorsatz, -obst
bis Rohmasse die Rippen spreizt, in jede Richtung blubbert Stuck
im Nacken und zwischen den mundgroßen Augen
halten mich vorläufig Bügel zurück

in Zukunft werd ich Teil, werde ich Großteil sein und nehmen, randvoll
mit Spenderorganen, die Fülle verwalten
durchs Prämiensystem vom Roten Kreuz ein Schneidebrettchen erhalten

hübsch, wie mein Material versagt, seh dem Schweif der Knöpfe nach
beim Vorstoß in die Freiheit, Freizeit, das Geschwader schwimmt
als Puppensammlung getarnt im Teich, alles erreicht?
ich schweife ab und komme doch nie los
lustlose Gefechtsformation, in die Fliehkräfte uns gewirbelt hatten
die letzten Tage auf dem Sprung, ins schlechte
Gedächtnis, bloß eine Zwischenstation, die letzten Tage auf dem Mond

wollen wir tiefer ins Irdische sickern oder
errichten ein Gegenreich? was unsre Flatterlappen rötete, färbt ihre
kippligen Abwehrsysteme, wenn knallige Wolken im Teich aufziehn
unsere Präsente, schlingernden Infekte, unsere Kraterphantasien

ich schweife ab wie seit Jahrtausenden
wo steckt denn Feind, Halt und Kontur, wo du? die Zwischenmahlzeit
seht, eine echte Puppe schwimmt vorüber, die zufrieden scheint

im Geschwader hebt jede die Stimme von Eisen, warm vergoldet zwar
scharf aber klingen ihre Schlager, spitz zu läuft ihr Refrain

was alles in den Körper will, was gar nicht Körper ist
was du besser vergisst, was du vergisst

bis unser Stumpfes abgewehrt, ein wenig Säbel, ein wenig Schwert
(waffensachkundlich präziser gleicht sie Flügellanze und Saufeder
in ihrer Bedeutungsweite zumindest)
am Ende individuell gezackt, Vita verknappt, ein wenig Säge, ein wenig Axt

was alles in den Körper passt, was gar nicht Körper ist
was du besser vergisst, was du vergisst

ein wenig Schlüssel, ein wenig altmodisch
heut reich mir endlich, Mensch, aus deiner Waffenkammer die Hand

wir und vieles andere bevölkern die Großstadt

ich stecke mit den Stiefeln, die
fanatisch vom Kassierer Stiefelchen genannt
tief im Kadaver eines Feindes, Pferdes
sekundenkleberfarbenen Hengstgespenstes
und will doch nur und will doch nur aufs Land

formbar wie Marzipan, wie widerstehn
in der Reibungshitze alltäglichen Nahkampfs, im Gewoge glühender, gegen
einander klatschender, so rosiger und schon vorm Treffer restlos angestoßener
Geschosse – – vorgestern froren im Fall
zwei Hagelkörner aneinander fest und kamen heiler an

wie hartherzig hingegen nahm uns
die Gravitation in Empfang
wie einfallsreich, hier klaffte eine blütengleich in jede Richtung auf
da trägt eine seitdem den Unterkiefer als Diadem

trotz Rang und Narben verwechseln wir uns, ich sie
warst du das nicht, ein Abklatsch, damals
im Puppencafé auf der Festungsinsel vor Helsinki ?

WER MITSCHREIBT

warst das nicht du, eine schaurige Idee
in der Regenzeit am Genfer See? einen Ausweg mit Ärmchen beschreibend
wovon unbeeindruckt die Beinchen
knietief in handlungsreicher Vorzeit, grob
lassen sich die Puttenkriege in diese fünf Epochen gliedern: gegen
die Leere, gegen den Stein, gegen das Öl, in dem er treibt
gegen Feind, gegen die Narbe, die von diesem übrigbleibt
sich grob wiederholt, frisst eine Putte eine Person
wird die Person zur Putte, Biochemie, die Putte zur Person, Jagdmagie
was frisst die Person?

weiland von Langeweile in die Flucht geschlagen, in Atem halten uns derzeit
die letzten Rätsel der Ernährung; dass sie zunehmend vertrauter
schmeckt, sich nicht mehr wehrt
die letzten Fragen von Satzbau und Wohnraum, wir müssen uns verwinkeln oder weg
ich sollte ohne Schreibtisch gar nicht aus dem Haus, sagst du, schreib auf:
die Möbelpacker greifen nach den Sternen, in goldenen Hausstaub
ich sollte gar nicht aus dem Haus, es bis aufs Letzte kennenlernen, füllen
schien unser Ziel nicht mehr ein Sieg, vielmehr rein dekorativ?

2. KAPITEL

eine Putte oder eine Person

wie Marzipan formbar, wir formen einander zu fremden
Kindern, aus Bequemlichkeit, ich aber investiere Lebenszeit und zerre
mit Höhendrang, mit Zeckenpinzette
es wimmelt kurz und feist in meinem schlanken Schatten
nützlicher wären Kriegselefanten

eine zerrt länger, bis die Spannung reißt, verlegt sich aufs Schlängeln
folgt der Lohn am Boden, Schlüsselbund gefunden, Zweiraumwohnung, umgezogen

ich vermisse, ich
vergesse sie schon

eine Putte oder eine Person

zu fest im Griff, um zu verlernen, wir schärften immer
für die nächste Schlacht, die nächste der drei Schichten
schärften, als keine mehr anbrach
nach Tag und Jahr blieb das Geschwader scharf

vielleicht ein wenig kopflos, wie viel Wetzstein lag
noch zwischen Klinge und hornigem Sinn?
und nur ein Funken Schlaf
wir schärften immer, fuhren mit restlichen Fingern
über Vergangenheit, Scharten, Narben
die Ersten schärften längst sich selbst, so stumpfte ab das Warten

sangen die immergleichen drei Lieder, vergaßen unsere Melodie
dann eine Viertelpause Grauen, dann schärften wir wieder

zu spät zum Amt

spaltbar sind wir wie Mohnkuchen, mürbe Keile und Dunkles, das streut
in unserem letzten Jahrhundert
stünde ich an, exakt hier, gleichzeitig Abdruck und Fuß
du würdest exakter darüber
anstehen, nackter, weniger vor uns, nach uns keine
die wir kennten
bin ich dran, bilde eine Kaffeetasse mit den Händen

noch dünnsten Büchern die Seiten ausreißen, wie Nissen Silbenkerne knacken
mit Hohlmuskel im Haupt, so hab ich mir die Wandlung ausgemalt:
auf, dann durchs Blattgold schreiben, aufs Bein, dann
mit Wucht an Stoffen scheitern, nie am
Schein, was Wandlung heißt: nicht das Laken besudelt, der Geist

obwohl das globale Observatorium
für körperliche Aktivität es rät
muss niemand sich, weil ich dich nämlich bewege, bewegen
zum Schneidebrettchen, jener Wandlung wegen, erst aber wollen wir denken

derart zu reisen, dass nichts übrigbleibt, das muss ja möglich sein
mit dem vernünftigsten Material, den Erkenntnissen
der Reinigungskräfte, der Raumfahrt

bleib ein wenig, spann das Haupt an, bis es knackt und spritzt, lies einmal nach
lies wenigstens mit

nicht weit von hier, westlich, jahrzehntelang probten
jetzt improvisieren wir große Nähe
als Hauch auf dem Haken im Hals
als Leim zwischen Spiegel und -bild
als im Glaswels verwundertes Licht

als Waffenkammer, verwohnt, von der Sehnerv- zur Sehnendegeneration
ein mit Hässlichkeit
gelöstes Problem, nur nicht weit, weder Handwerk noch Arbeit, keine
einleuchtende, wie sie die, nein, wie die, die die
Schupp- und Fischköpfmaschinen vollbringen statt Radiologie

sich sacht abschlachten über die Jahre
mal hiermit, mal damit
näher, du siehst es ja
hier, da

wie ungläubig im Dämmerlicht zur Prozession verwachsen und nur eine Röhre
der Atem schwer und wenn er fällt, dann schlüpft er

wir packen leicht: Klinge, Schild und auf in den Einkauf!
die Nähe mit Zähnen, warst du nicht einst dabei?
so schmeckten wir, so schmeckt der Preis
für Raum in hautenger Stadt, wir beißen ab, um derart rund im Nest zu ruhn
dass mehr, dass mehr, dass mehr nie hineinpasst

unsere Wünsche ziehen durch den Stein
wir splittern ohne Not, wir kaufen füreinander ein
und nehmen irgendwo, dort wird es leicht, die letzten Summen her

Selbstgespräch beim Einkauf neuer Stricke

die Wacke, von Vorfreude als auch Enttäuschung bereinigt
muss weg, weit, wieso
die Kassiererin ihren Schacht hinterm Ohr nicht abdeckt
mit Haar oder Helm ? stattdessen wie einen Mund großzügig frei lässt

meine Überzeugungen hatten sich vergröbert durch Gebrauch, hielten
wie Stricke nicht jeden, mich überwiegend, Striemen führten hinein

weil's unsichtbar aus Kassiererinnensicht, verglichen mit meinem
Schacht im Genick ? alles
muss weg, der stopplige Überzug beißt sich fest

die Einkaufstüte reicht sie mit dem Fingerzeig
auf titanische Inselstaaten, errichtet aus Plastik, von dort
stammen die Tüten her, wer ahnte das ? danke sehr

die Sprache ist ein Zufallsfund, nur zwei, drei Schlachtgesänge dienten
als Wiegenlieder uns in zappeligen Sphären

bis eine Klage anhebt, rhythmisch
durch purpurne Gässchen, im dämmernden Kern, da
beißen wir an, schon wieder dieser Höhendrang: Haken, der
Wörter, die

wir weitsichtig im kleinsten Kreis erringen
uns im Klagerhythmus wiegen, fallen
keineswegs auf, wiederholen: ja, wir schreiben
ja, wir schreiben alle auch

im Stillen: erst ess ich dich auf
dann sprech ich dich aus

Spezies und Pinnwand

jenseits der Rundgänge jagen die großen Entfeuchter
versanden Gewebe, Gedanken daran
noch fasst Haut Haut, Knochen Knochen
vierhundertvierzehn in milchigen Beutel gekippt
bis du beleibt bist
oder sechshunderteinundzwanzig? zähl einmal mit
zweimal, dreimal siehst du dir Three Studies for
Figures at the Base of a Crucifixion an, sonst hängt
ja nichts, erkennst eine Pinnwand, Male von Infrarot

und stehst du für Fleisch an, verlangt niemand: bitte
fein geschnitten
es heißt dort vorn: her mit dem ganzen Klumpen

Krönung des Klapperns, bis du an der Theke stehst
mit einem Bein in einem Kinderlied
spricht die Schlange: psst

in Wolken beginnt der Wellengang
die Dürre hinterm Duschvorhang
Frakturen mit Zusammenhalt, berührt werden von Welt, berühren
wo die antiken Kräfte fehlen, los, rutschen wir aus mit ganzer Seele

aus der Vernachlässigung des gesamten
mit Hingabe von morgens bis abends
mit jeder Spätvorstellung vernachlässigteren Geleges
auch der Gestirne
schlüpft diese hartschalige, nein, bereits versteinerte Bedürftigkeit
wie's früher zwischen den Zähnen knackte, nunmehr die Zähne
hallt wider in jedem Wort

Feind fast eingekreist, als die Letzte sich tief
in der Ersten verbeißt, willkommen zurück!

Schlange vorm Eingang, jetzt im Saal verborgen, schluckt, kaut nicht

zweifelnd am Gelenk
liegt morgens allenfalls der kleine Faustschluss vor
schlaff um den Schlachtplan, einen U-Bahn-Plan
ohne Arena suchen wir Struktur
ein Gürtel um den Hals, der Schulterklappen
fiebriges Flattern an überzuckerter Unform
die sich zwei Zentimeter zur Sparlampe erhebt

doch eine steht bereit mit Klinge, Schild, flackernder Müdigkeit
eine bewirbt sich bei der Polizei
in einem kleinen Bundesland, welches erlaubt, sowohl recht klein
als auch ein Polizist zu sein
ein Märchen

Nachwort

letzte Putten

wer, zackig im U-Bahn-Schacht, montiert aus zwei Putten :
es hätten drei sein müssen